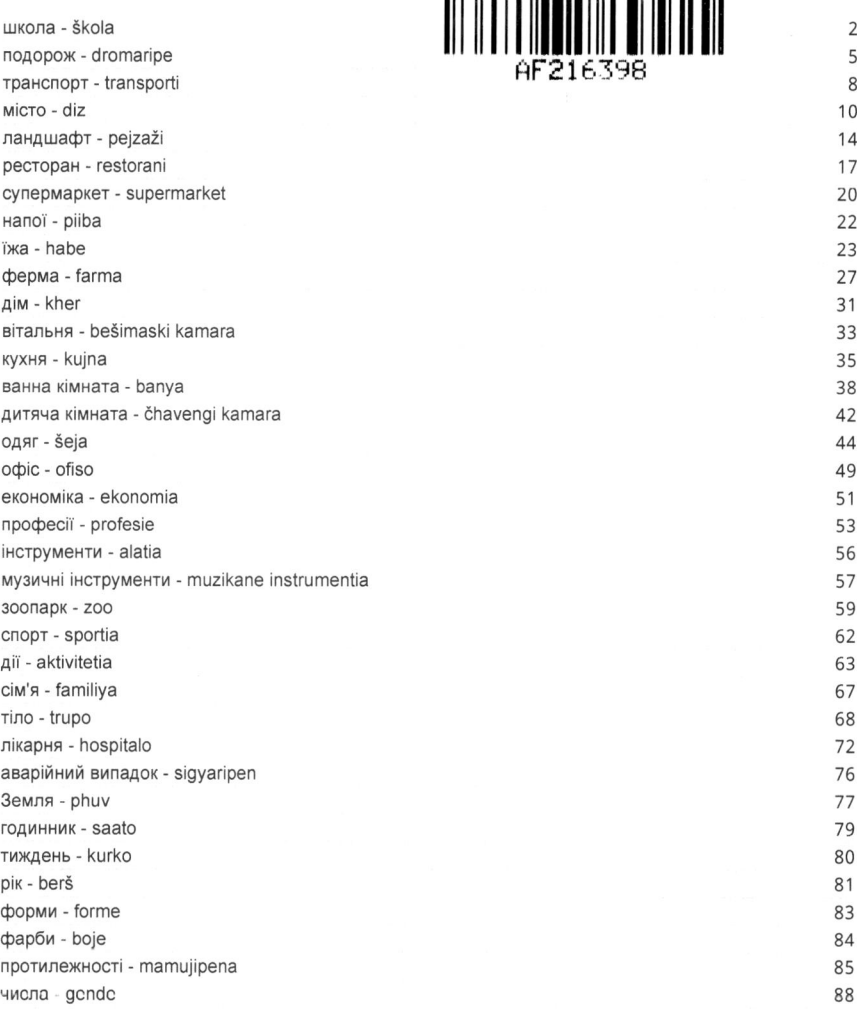

AF216398

Impressum
Verlag: BABADADA GmbH, Nedderfeld 112 , 22529 Hamburg
Geschäftsführer / Verlagsleitung: Harald Hof
Druck: Books on Demand GmbH, In de Tarpen 42, 22848 Norderstedt

Imprint
Publisher: BABADADA GmbH, Nedderfeld 112 , 22529 Hamburg, Germany
Managing Director / Publishing direction: Harald Hof
Print: Books on Demand GmbH, In de Tarpen 42, 22848 Norderstedt, Germany

школа

škola

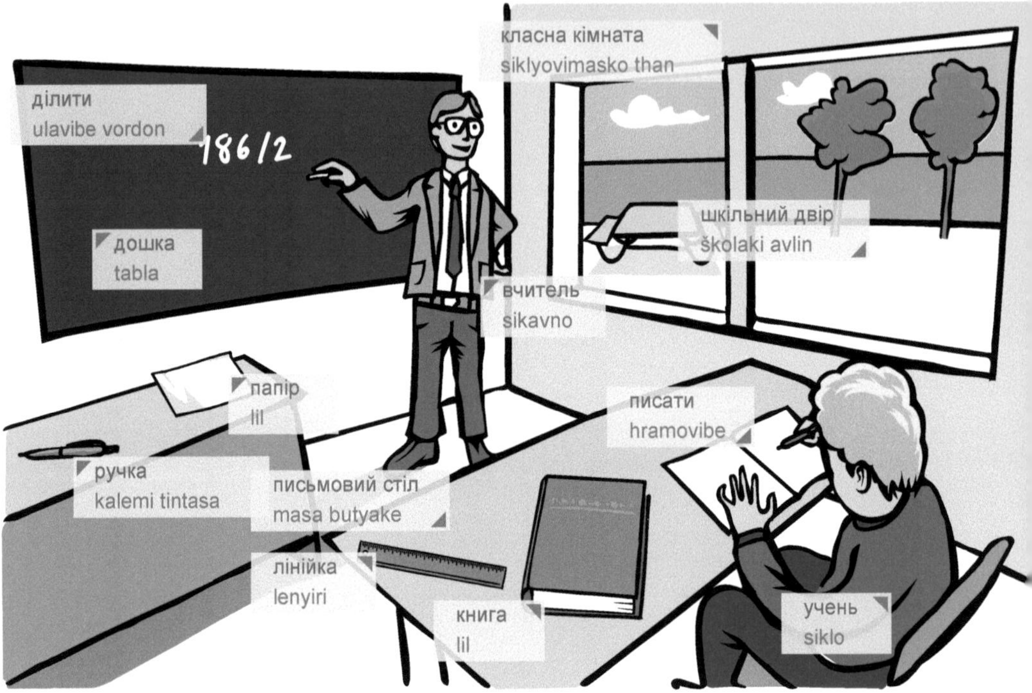

класна кімната
siklyovimasko than
ділити
ulavibe vordon
186/2
дошка
tabla
шкільний двір
školaki avlin
вчитель
sikavno
папір
lil
писати
hramovibe
ручка
kalemi tintasa
письмовий стіл
masa butyake
лінійка
lenyiri
книга
lil
учень
siklo

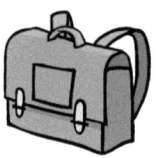

ранець

dumeski tašna

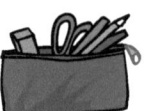

пенал

kalemengi kutia

олівець

kalemi

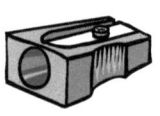

точило

kalemengi čhurori

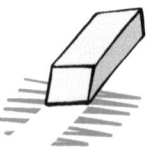

гумка

kosimaski guma

альбом для малювання

čitrimasko bloko

малюнок

čitribe

пензель

boyimaski frča

коробка фарб

boyimaski kutia

ножиці

kata

клей

lepako

зошит

bukjardarimasko lil

домашнє завдання

khereski buti

число

gendo

додавати

džide

віднімати

ikal

множити

multiplicirin

рахувати

kalkulirin

літера

hramome lil

абетка

alfabeta

слово

lafo

текст

teksti

читати

drabaribe

крейда

kreda

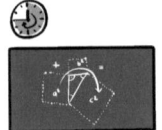

година

lekciya

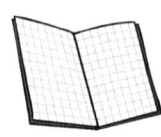

класний журнал

Klasesko registro

екзамен

egzameni

диплом

sertifikato

шкільна форма

školaki uniforma

освіта

edukacia

лексикон

enciklopedia

університет

univerziteto

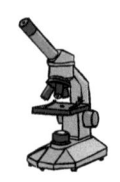

мікроскоп

mikroskopo

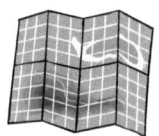

карта

mapa

кошик для паперу

korpa čhudimaske lila

подорож
dromaripe

готель
hoteli
Grand
турбаза
Lači blevel!
обмінний пункт
biro baši devize
валіза
koferi
автомобіль
vordon

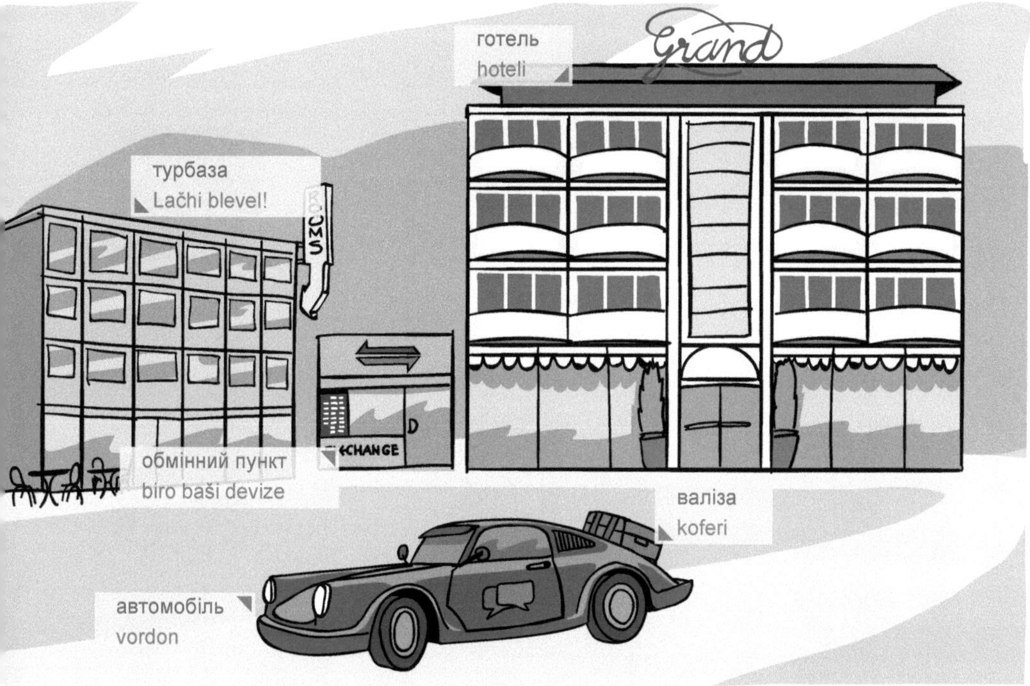

мова
ćhib

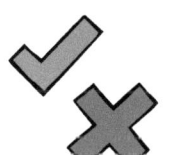

так / ні
va / na

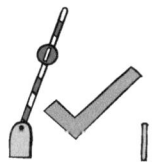

добре
Okay

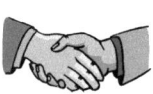

привіт
Namaste

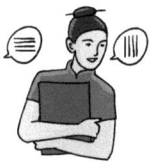

перекладач
tumači

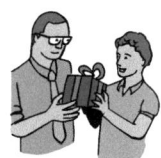

дякую
Ov sasto

Скільки коштує ...?

Kozom si...?

Я не розумію

Na havava

проблема

problemo

Добрий вечір!

Lačhi rat!

Доброго ранку!

Lačhi javin!

На добраніч!

Lačhi rat!

До побачення

ačhon Devlesa

напрямок

dromeski sikavin

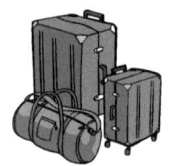

багаж

bagaži

сумка

gono

рюкзак

dumesko gono

гість

misafiri

кімната

kamara

спальний мішок

sovimasko gono

намет

cerha

туристична інформація

turistikani informacia

пляж

plaža

кредитна картка

kreditno kartica

сніданок

javinako habe

обід

kušluko

вечеря

ratyako habe

квиток

karta

ліфт

elevatori

поштова марка

marka

межа

simantra

митниця

adetia

посольство

ambasada

віза

viza

паспорт

pašaporti

транспорт

transporti

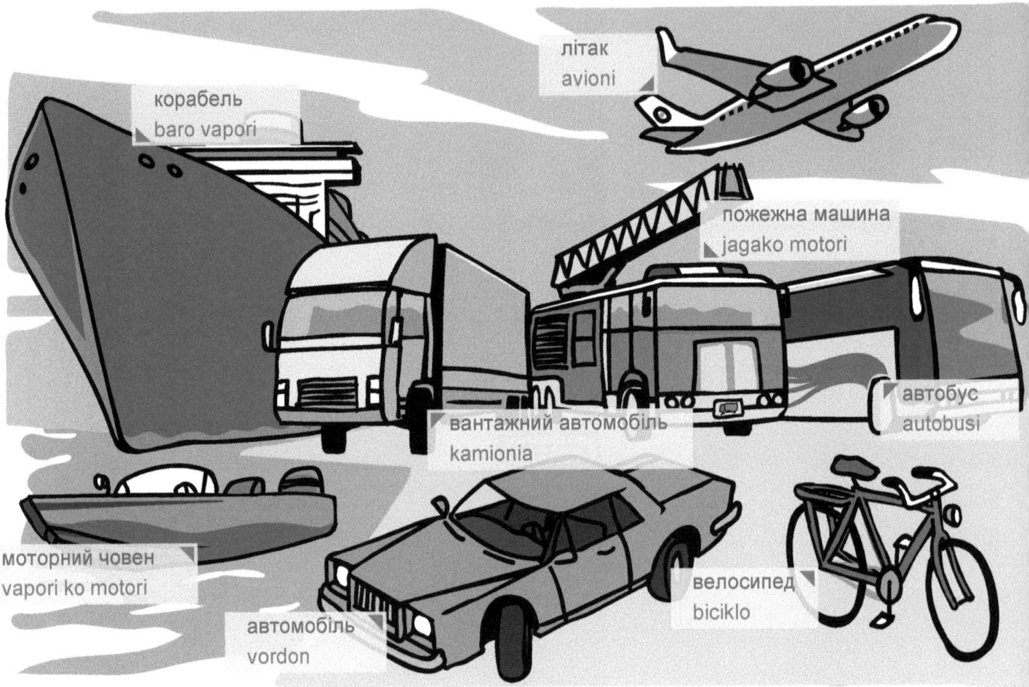

літак
avioni
корабель
baro vapori
пожежна машина
jagako motori
автобус
autobusi
вантажний автомобіль
kamionia
моторний човен
vapori ko motori
велосипед
biciklo
автомобіль
vordon

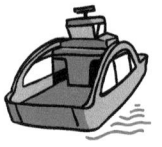

пором

feri vapori

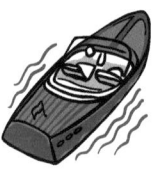

човен

vapori

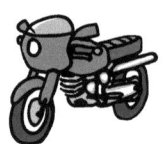

мотоцикл

motorciklo

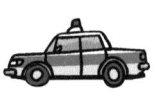

поліцейська машина

policiako vordon

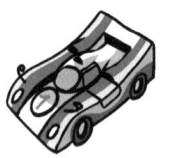

гоночний автомобіль

prastamasko vordon

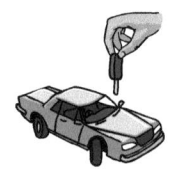

автомобіль на прокат

rentakar

спільне користування авто

ulavibe vordon

евакуатор

rumosardo kamioni

сміттєвоз

kamionengo than

двигун

motori

паливо

petroli

автозаправна станція

petrolesko stasioni

дорожній знак

trafikoskere išaretia

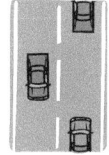

рух

trafiko

затор

baro trafiko

стоянка

vordonesko parkirimasko than

вокзал

pampurengo stasioni

рейки

kamionia

потяг

pampuri

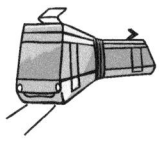

трамвай

tramvaj

вагон

vagoni

гелікоптер

helikopteri

аеропорт

aeroporti

вежа

kula

пасажир

dromarutno

контейнер

kontejneri

коробка

kartoni

візок

vordonoro

кошик

sevli

стартувати / приземлятися

urjalipasko starto /
urjalipasko agor

місто

diz

село

gav

центр міста

dizyako centro

дім

kher

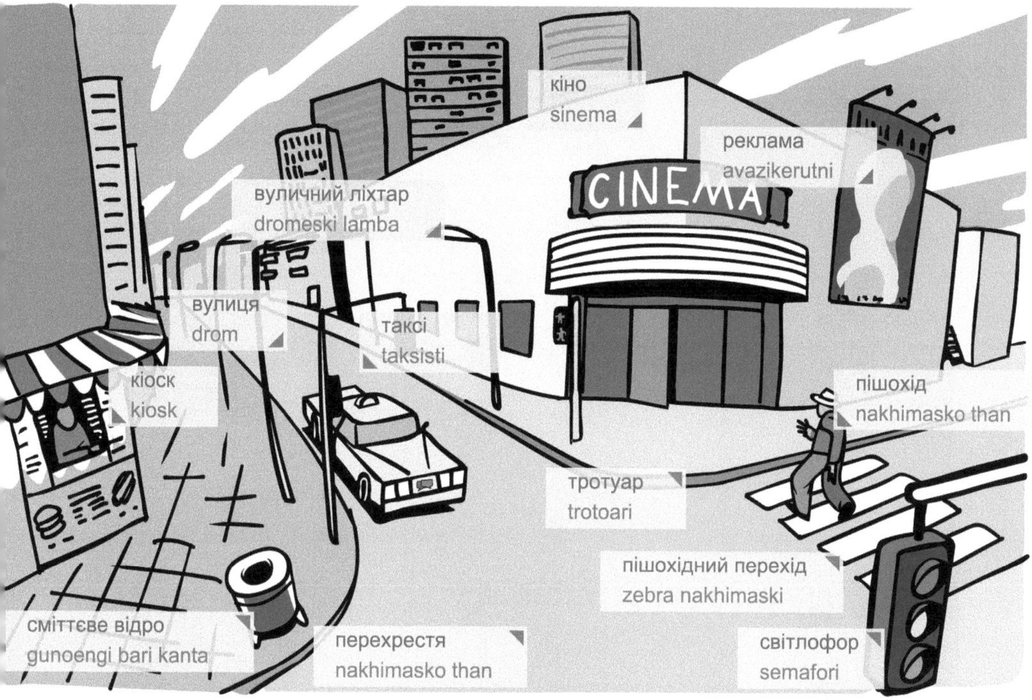

кіно
sinema

реклама
avazikerutni

вуличний ліхтар
dromeski lamba

CINEMA

вулиця
drom

таксі
taksisti

пішохід
nakhimasko than

кіоск
kiosk

тротуар
trotoari

пішохідний перехід
zebra nakhimaski

сміттєве відро
gunoengi bari kanta

перехрестя
nakhimasko than

світлофор
semafori

хатина

koliba

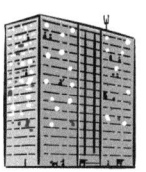

квартира

apartmani

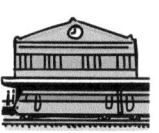

вокзал

pampurengo stasioni

ратуша

dizyaki sala

музей

muzeji

школа

škola

університет

univerziteto

банк

banka

лікарня

hospitalo

готель

hoteli

аптека

apoteka

офіс

ofiso

книжковий магазин

lil bikinimasko than

магазин

dukyano

квітковий магазин

lulugengo bikinutno

супермаркет

supermarket

ринок

kurko

універмаг

baro bikinimasko kher

торговець рибою

mačhengo astarutno

торговельний центр

kinimasko centro

гавань

vaporengo ačhovimasko
than

парк

parko

лава

klupa

міст

purt

сходи

merdevenya

метро

metro stasioni

тунель

tuneli

автобусна зупинка

autobuseski adžikerin

бар

bar

ресторан

restorani

поштова скринька

poštako mohto

вулична табличка

dromesko išareti

лічильник паркування

parking than

зоопарк

zoo

басейн

nangyovimasko bazeni

мечеть

džamiya

ферма
farma

забруднення навколишнього середовища
melalipe

кладовище
limorengo than

церква
khangeri

дитячий майданчик
khelimasko than

храм
hramo

ландшафт
pejzaži

листок
patrin

вказівний стовп
išareti

шлях
drom

луг
livazin

камінь
bar

дерево
kašt

мандрівник
phiravno

річка
len

трава
čar

квітка
luludi

долина

harno than

гора

bairi

озеро

devrijal

ліс

veš

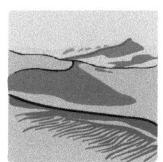

пустеля

mulano than

вулкан

vulkano

замок

saraji

веселка

renkali badalin

гриб

gaba

пальма

palma kašt

комар

sivrija

муха

mak

мурашка

karandža

бджола

birumni

павук

pauko

ландшафт - pejzaži

жук

buba

жаба

žamba

вивірка

ververica

їжак

kanzauri

заєць

šošoj

сова

buf

птах

pakšin

лебідь

lebedi

кабан

bali

олень

eleno

лось

eleno

гребля

pani garavin

вітряк

bavlalaki turbina

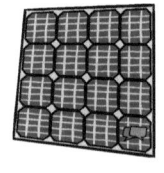

сонячний модуль

solarno paneli

клімат

klima

ресторан
restorani

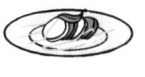

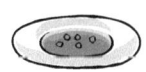

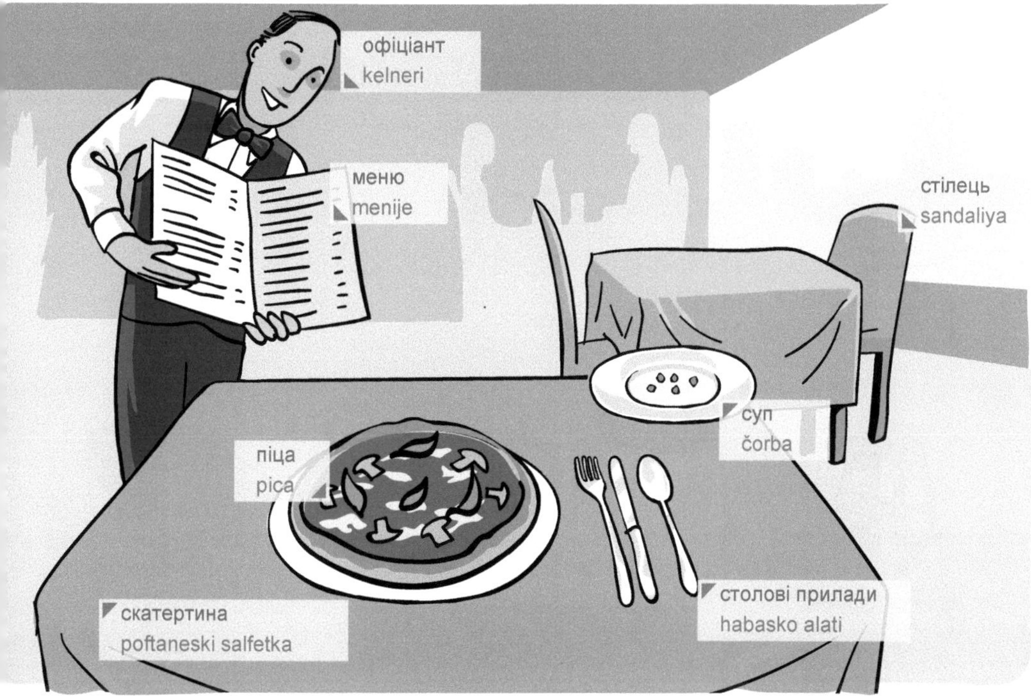
офіціант
kelneri
меню
menije
стілець
sandaliya
суп
čorba
піца
pica
столові прилади
habasko alati
скатертина
poftaneski salfetka

закуска
avgo habe

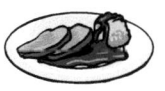

друга страва
šerutno habe

десерт
gudlimata

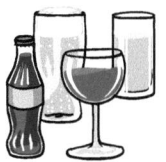

напої
piiba

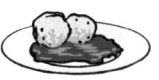

їжа
habe

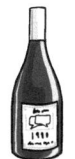

пляшка
šiša

фаст-фуд

fast food

вулична їжа

sokakongo habe

чайник

čajniko

цукорниця

šekereskoro čaroro

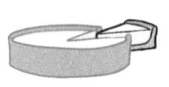

порція

porcia

еспресо-машина

makina vaš espresso

високий стільчик

uči sandaliya

рахунок

esapi

піднос

apladiya

ніж

čhuri

вилка

vilyuška

ложка

roj

чайна ложка

čajeski roj

серветка

salfetka

склянка

tahtai

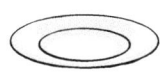

тарілка

čaro

тарілка для супу

čaro čorbake

блюдце

hor čaro

соус

sosi

солонка

londesko čaroro

млин для перцю

kale biberesko pišlo

оцет

šut

масло

zejtini

спеції

začinia

кетчуп

kečap

гірчиця

senf

майонез

majonezi

супермаркет

supermarket

пропозиція
specialno oferta
FOR
клієнт
mušteriya
молочні продукти
thudeske butya
фрукти
emiši
візок для покупок
vordonoro

BUTCHERS

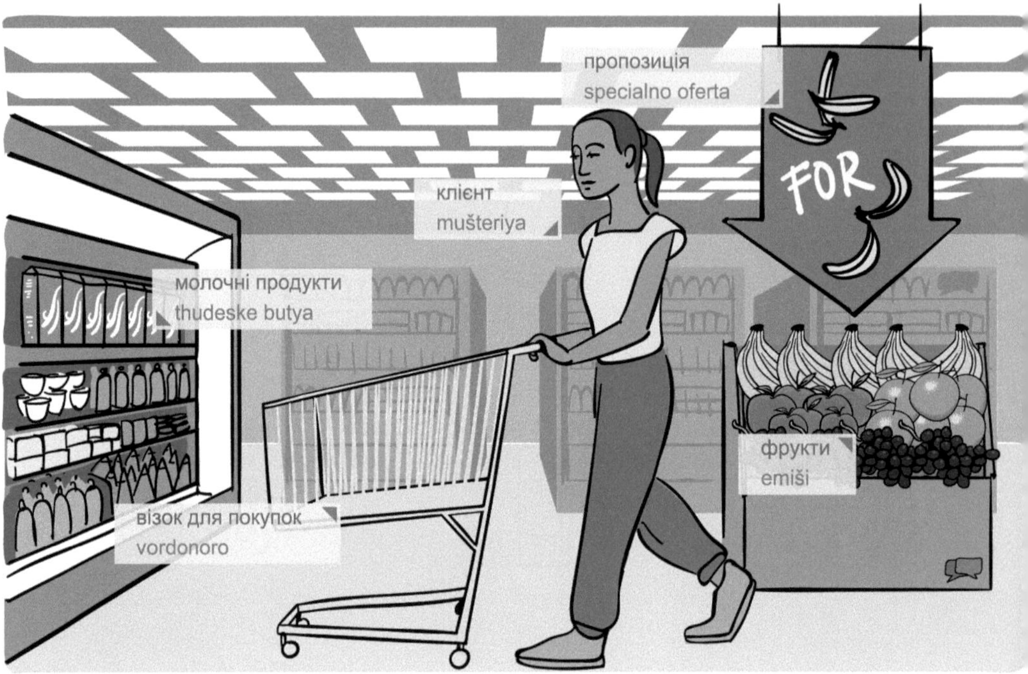

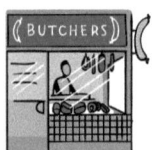

м'ясний магазин

kasapi

BAKERY

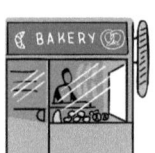

пекарня

furuna

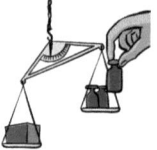

зважувати

ladavipe

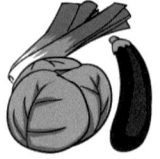

овочі

zarzavati

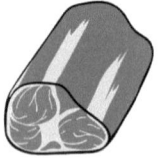

м'ясо

masesko rolati

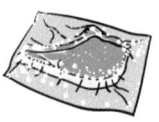

заморожені продукти

pahome habe

ковбасна нарізка

šudro mas

консерви

konzerva

пральний порошок

thovimasko prašako

солодощі

gudlimata

предмети домашнього побуту

khereske butya

мийний засіб

užarimaske butya

продавщиця

bikinutno

каса

kasapi

касир

kasieri

список покупок

kinimaski patrin

часи роботи

putarimaske satura

гаманець

lovengi tašna

кредитна картка

kreditno kartica

сумка

gono

поліетиленовий пакет

plastikano gono

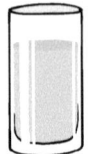

вода

pani

сік

džus

молоко

thud

кола

kola

вино

mol

пиво

bira

алкоголь

alkohol

какао

kakao

чай

čaj

кава

kafa

еспресо

espresso

капучіно

cappuccino

банан

banana

яблуко

phabaj

апельсин

portokali

кавун

kavuni

лимон

limoni

морква

karota

часник

sir

бамбук

bambusi

цибуля

purum

гриб

gaba

горішки

akhora

локшина

humereske butya

спагеті

špageti

рис

rezo

салат

salata

картопля фрі

čipsi

смажена картопля

peke kompiria

піца

pica

гамбургер

hamburger

бутерброд

sendviči

шніцель

kotleti

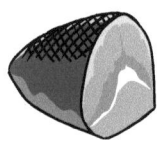

шинка

žamboni

салямі

salama

ковбаса

goja

курка

khajnako mas

печеня

peko

риба

mačho

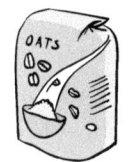

вівсяні пластівці

popara

мюслі

musli

кукурудзяні пластівці

kornfleks

борошно

varo

круасан

kroasani

булочка

masesko rolati

хліб

maro

тостовий хліб

tosti

печиво

biskotia

масло

puteri

сир

urda

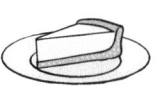

пиріг

torta

яйце

jaro

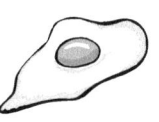

яєчня

peke jare

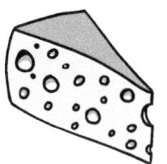

сир

kiral

морозиво

šudro gudlo

цукор

šekeri

мед

avgin

мармелад

džem

нуга-крем

čokoladaki krema

карі

kari

ферма
farma

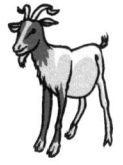

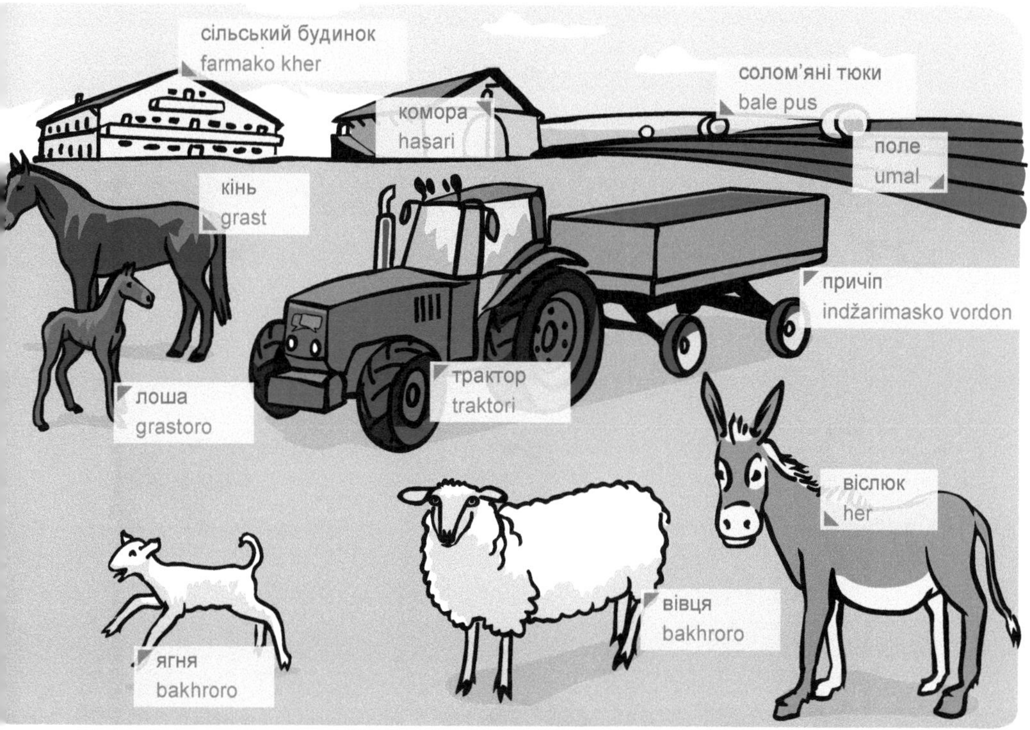

сільський будинок
farmako kher
комора
hasari
солом'яні тюки
bale pus
поле
umal
кінь
grast
причіп
indžarimasko vordon
трактор
traktori
лоша
grastoro
віслюк
her
вівця
bakhroro
ягня
bakhroro

коза

buzno

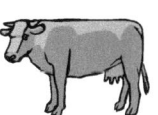

корова

guruvni

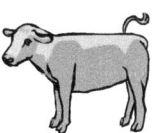

теля

guruvoro

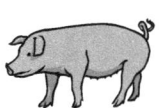

свиня

balo

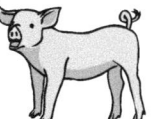

порося

baloro

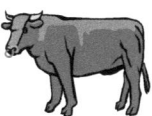

бик

guruv

гусак

papin

качка

payka

курча

pilička

курка

khayni

півень

bašno

щур

baro germuso

кіт

bilika

миша

germuso

віл

guruv

собака

džukel

собача будка

džukelesko kher

садовий шланг

žardina

лійка

panyarimaski kanta

коса

aindžako kidimasko alati

плуг

plugo

ферма - farma

серп

srpo

мотика

motika

вила

aindžaki vilyuška

сокира

tover

тачка

vordonoro phiravutno

корито

balani

бідон молока

thudeski šiša

мішок

harari

паркан

trujalutni

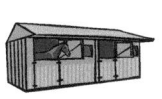

хлів

jahri

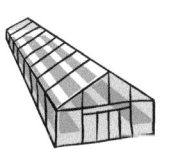

теплиця

haryalo kher

ґрунт

phuv

насіння

seme

добриво

gyubre

комбайн

aindžako kidipe

пожинати

kidibe aindž

урожай

harmani

корінь ямсу

phuvaki phabaj

пшениця

giv

соя

soja

картопля

kompiri

кукурудза

mumuruzi

ріпак

šarlagani

плодове дерево

emišengo kašt

маніок

Kasava

злаки

giveskere javinlukoja

димохід
odžako

дах
učharin khereski

водостічний лоток
cevka

вікно
pendžarka

гараж
garaža

дзвінок
udaresko zili

двері
udar

відро для сміття
gunoeski korpa

поштова скринька
mohto

сад
bavča

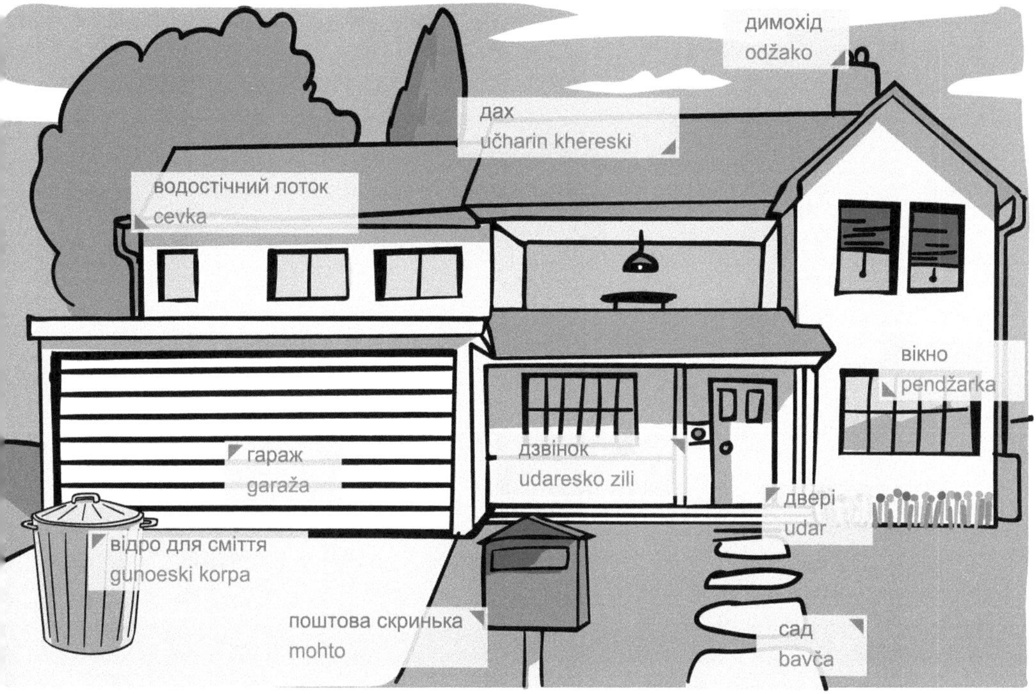

вітальня

bešimaski kamara

ванна кімната

banya

кухня

kujna

спальня

sovimasko than

дитяча кімната

čhavengi kamara

їдальня

than hajbaske rakjako habe

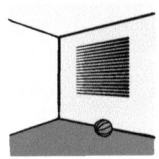

підлога

kati

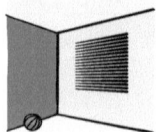

стіна

duvari

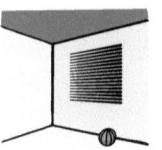

стеля

tavano

підвал

špajzi

сауна

sauna

балкон

terasa

тераса

terasa

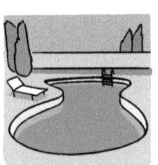

басейн

bazeni

косарка

čar harnyarimaski makina

простирало

patrin

ковдра

čaršafia

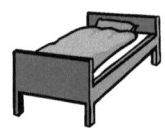

ліжко

kreveto

мітла

šulavni

відро

korpa

перемикач

elektrikani phabarin

вітальня

bešimaski kamara

шпалери
tapeta
малюнок
tasviri
лампа
lamba
поличка
rafti
шафа
ormari
телевізор
televiziya
камін
jagako than
квітка
luludi
подушка
šerand
диван
sofa
ваза
vazna
пульт
durutni komanda

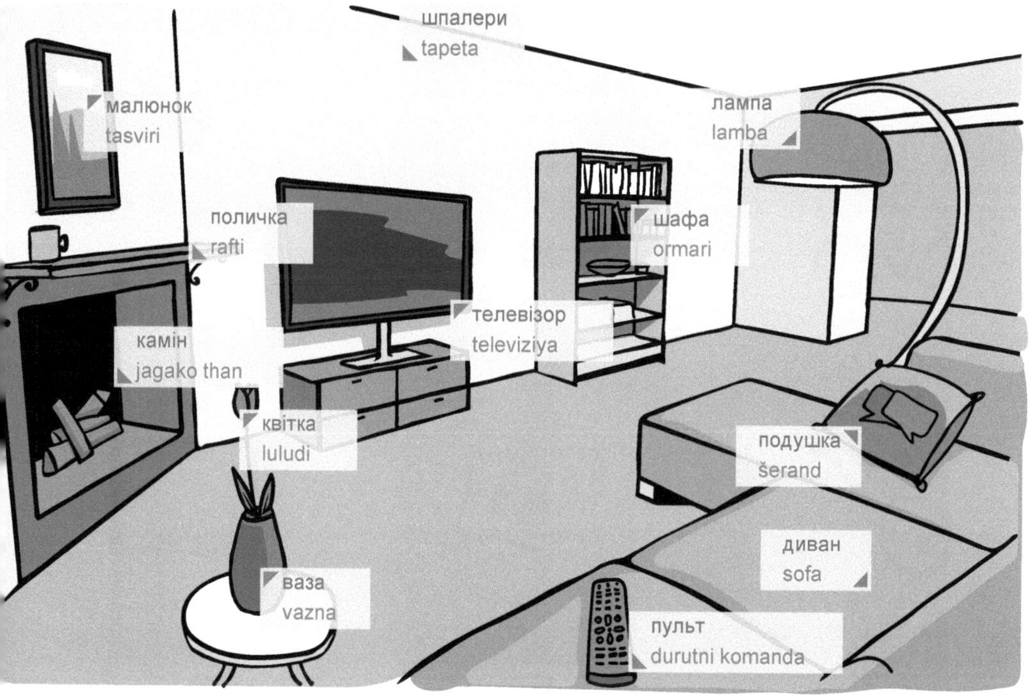

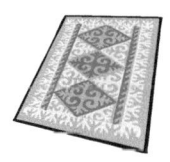

килим

kilimi

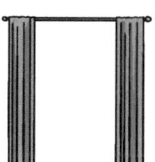

завіса

perde

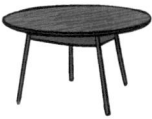

стіл

masa

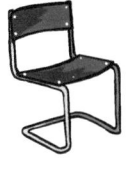

стілець

sandaliya

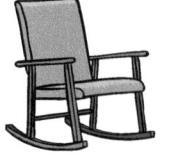

крісло-гойдалка

kunajka sandaliya

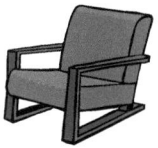

крісло

fotelya

книга

lil

ковдра

kebe

прикраса

dekoraciya

дрова

kašta phabarimaske

фільм

filmi

стереосистема

stereo ašunimaske butya

ключ

nahtari

газета

gazeta

картина

frčaja bojakeribe

плакат

posteri

радіо

radio

блокнот

hramovimasko bloko

пилосос

elektrikani šulavni

кактус

kaktusi

свічка

momoli

кухня
kujna

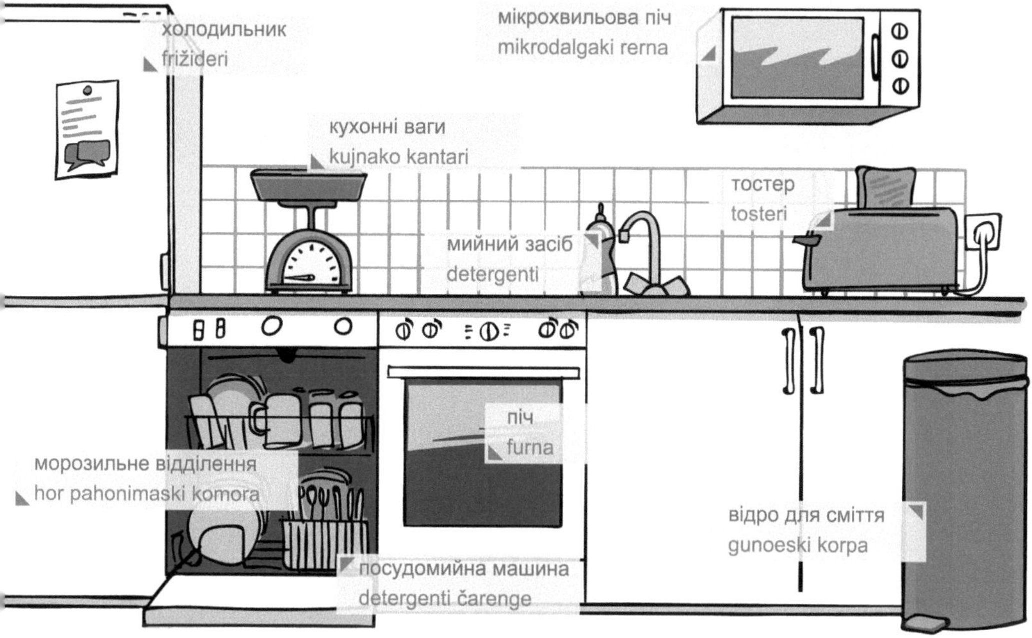

холодильник
friživideri
мікрохвильова піч
mikrodalgaki rerna
кухонні ваги
kujnako kantari
тостер
tosteri
мийний засіб
detergenti
піч
furna
морозильне відділення
hor pahonimaski komora
відро для сміття
gunoeski korpa
посудомийна машина
detergenti čarenge

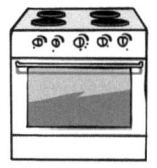

плита

keravimasko than

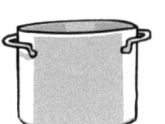

горщик

čaro

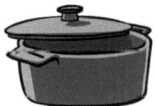

чавунний горщик

sastrnali tendžera

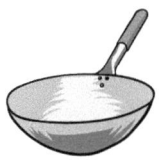

вок / кадай

vok cihani

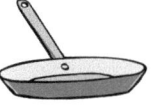

сковорода

tava

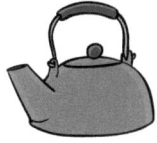

чайник

elektrikano bokali

пароварка

tendžera ki para

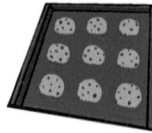

лист

tepsija

посуд

čare

кухоль

bareder fildžano

чаша

čaro

палички для їжі

kinakere habaskere kaštore

черпак

fioka

лопатка

špatula

вінчик для збивання

vastesko mikseri

сито

cedimasko čaro

сито

porizen

терка

rende

ступка

avano

барбекю

skara

багаття

puteribe jag

дошка
čhinimaski tabla

качалка
oklagia

штопор
puterimasko alati

конзерва
konzerva

відкривачка
konzervako puterutno

прихватки
čaresko ikerutno

раковина
lavabo

щітка
frča

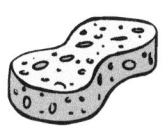

губка
sungeri

міксер
mikseri

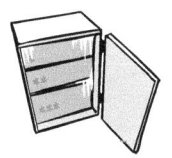

морозильна камера
hor pahonimasko frižideri

дитяча пляшка
bebeski šiša

кран
češma

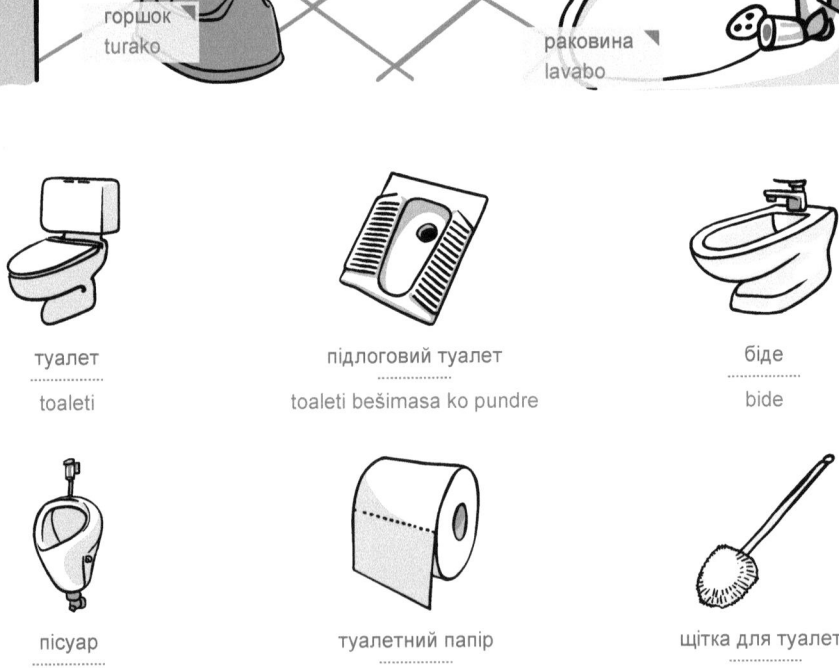

ванна кімната

banya

душ
tuširibe
опалення
tataripe
рушник
peškiri
душова завіса
tuširimaski perda
пініста ванна
nanyovibe sapuneske balonencar
ванна
kada nanyovimaske
склянка
tahtai
пральна машина
makina thovimaske šeja
кран
češma
плитка
pločke
горшок
turako
раковина
lavabo

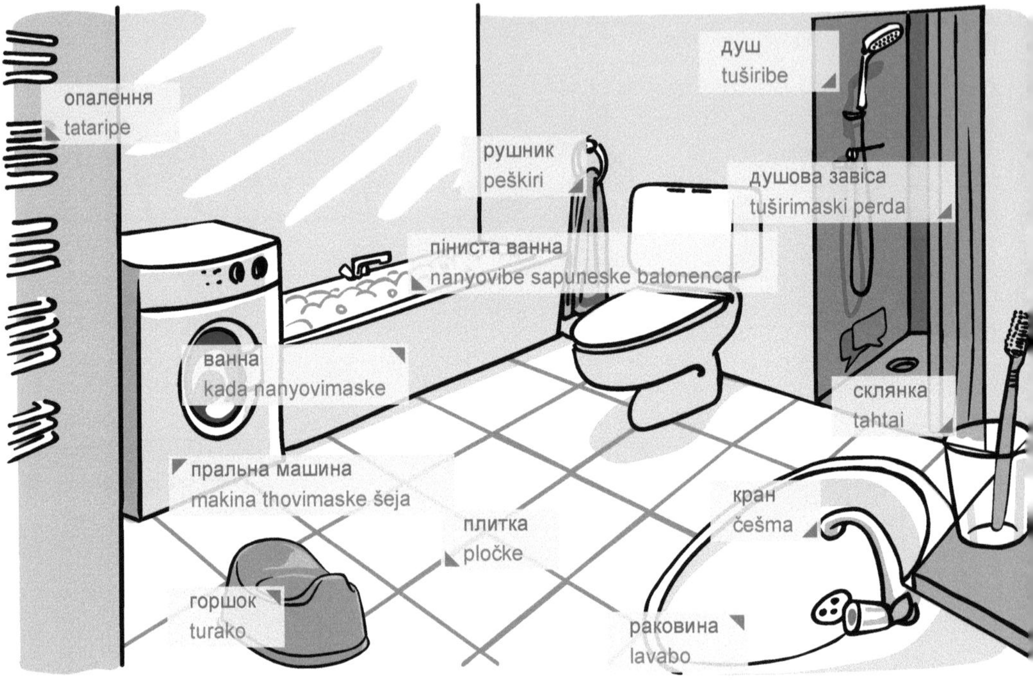

туалет

toaleti

підлоговий туалет

toaleti bešimasa ko pundre

біде

bide

пісуар

pisoari

туалетний папір

toaletesko lil

щітка для туалету

frča toaleteske

зубна щітка

danda thovimaski frča

зубна паста

danda thovimaski krema

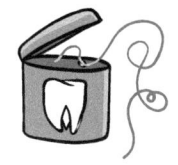

нитка для чищення зубів

dandesko thav

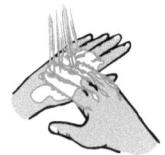

мити

thovibe danda

ручний душ

vasteskoro tuši

інтимний душ

tuši

таз

lavabo

щітка для спини

dumeski frča

мило

sapuni

гель для душу

tuširimasko geli

шампунь

šamponi

мочалка

flanela

водостік

kada ćidimaske pani

крем

krema

дезодорант

dezodoransi

дзеркало

ajna

косметичне дзеркало

vasteski ajna

бритва

žileti moravimaske

піна для гоління

moravimaski pena

лосьйон після гоління

palal muravimaski krema

гребінь

kanglik

щітка

frča

фен

feni balenge

лак для волосся

sprej balenge

косметика

šminka

губна помада

karmini

лак для нігтів

oja najenge

вата

pamuko pošom

ножиці для нігтів

kata najenge

парфум

parfemi

косметичка

gono thovimaske

табурет

sandaliya

ваги

tereziya

халат

bademantili

гумові рукавички

gumena kalcunya

тампон

tamponi

гігієнічні прокладки

toaletno lil

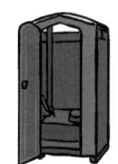

біотуалет

hemikano toaleti

дитяча кімната
čhavengi kamara

будильник
alarmesko sato
м'яка іграшка
mangli khelutni
іграшковий автомобіль
vordonora khelimaske
брязкальце
tropalka
ляльковий будиночок
bebedžikongo kher
подарунок
bakšiši

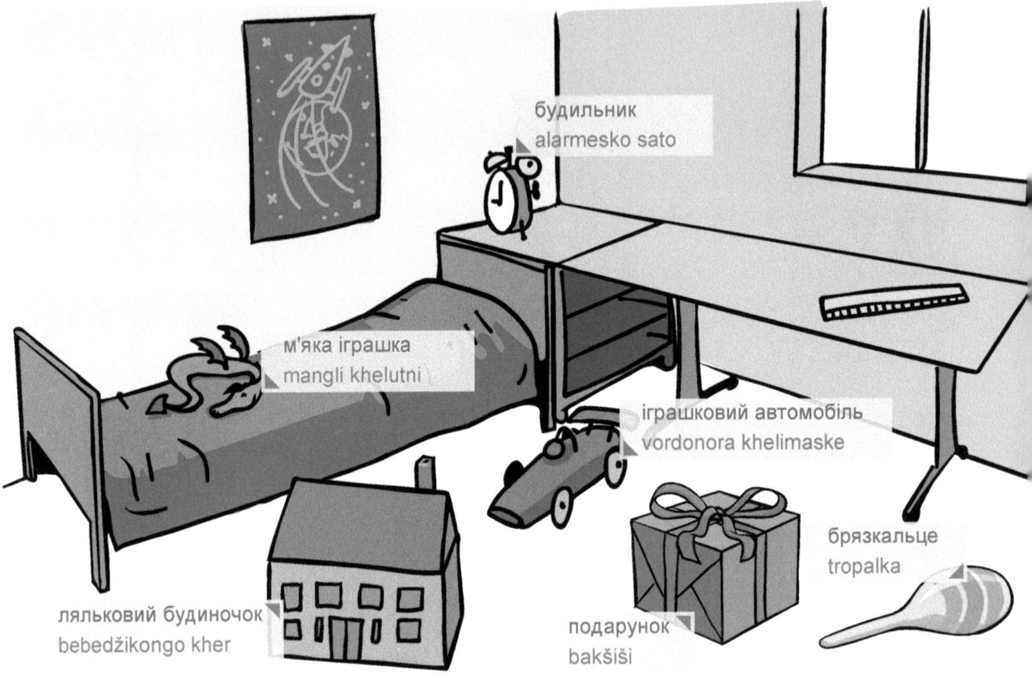

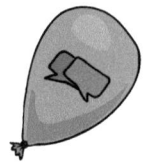

повітряна кулька

baloni

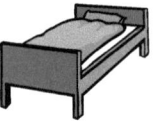

ліжко

kreveto

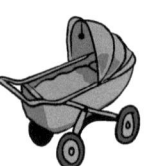

дитячий візок

bebengo vordon

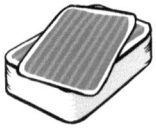

картярська гра

špili karte

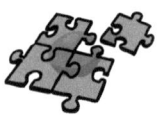

пазл

ker-rumin khelin

комікс

komikano lil

лего цеглинки

lego kocke

блоки

kocke khelimaske

іграшкова фігурка

akciaki figura

повзунки

bodi bebeske

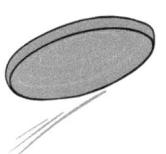

фризбі

frizbi

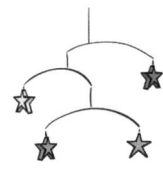

мобіле

mobile

настільна гра

masa khelimaske

кубик

zari

модель залізнична станція

pampuri khelimaske

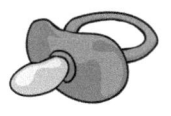

соска

cucla

вечірка

bahlana

книжка з картинками

tasvirengo lil

м'яч

topka

лялька

bebedžiko

грати

khelibe

пісочниця

pošikako than

гойдалка

kuna

іграшка

khelimaske butya

гральна консоль

konzola video khelimaske

триколісний велосипед

triciklo

плюшевий мішка

poftaneski ričini

шафа

garderoba

ОДЯГ

šeja

шкарпетки

kalcunya

панчохи

khuvde kalcunya

колготки

hulahopke

шарф
momija

парасоля
čadori

ремінь
kaiši

футболка
maica

чоботи
čizme

домашнє взуття
papuče

кросівки
trenerke

сандалі
sandale

взуття
menije

гумові чоботи
gumena čizme

труси
sostenya

бюстгальтер
eleko

нижня сорочка
jeleko

одяг - šeja

45

боді

bodi

штани

pantalonya

джинси

farmerke

спідниця

suknya

блузка

bluza

сорочка

gat

пуловер

puloveri

светр

dukseri

піджак

harno kaputi

куртка

džeketi

пальто

kaputi

дощовик

biršimdesko mantili

костюм

kostimi

сукня

fustano

весільна сукня

prandinako fustano

костюм

kostumi

нічна сорочка

rakjako fustano

піжама

pižame

сарі

sari

головна хустка

momija šereske

чалма

turbani

бурка

burka

кафтан

kaftani

абая

abaya

купальник

nangyovimaske šeja

плавки

buxle pantolonya

шорти

harne pantolonya

тренувальний костюм

sporteske trenerke

фартух

kecelya

рукавички

vasteske kalcunya

гудзик

kopča

окуляри

gjuzlukya

браслет

belegziya

ланцюг

mirikle

кільце

angrustik

сережка

čeni

шапка

stadik

плічка

kaputeski čiviya

капелюх

stadik

краватка

kravata

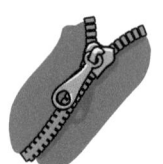

застібка-блискавка

patenti

шолом

kaciga

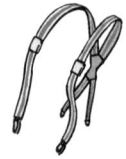

підтяжки

dandenge proteze

шкільна форма

školaki uniforma

уніформа

uniforma

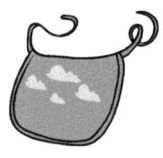

нагрудник

ligarka

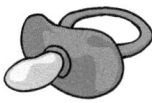

соска

cucla

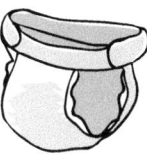

підгузок

pherno

офіс

ofiso

сервер
serveri
шаф для документів
raftija dokumentenca
папір
lil
принтер
printeri
монітор
monitori
миша
mausi
письмовий стіл
masa butyake
папка
folderi
синтезатор
tastatura
кошик для паперу
korpa čhudimaske lila
комп'ютер
kompjuteri
стілець
sandaliya

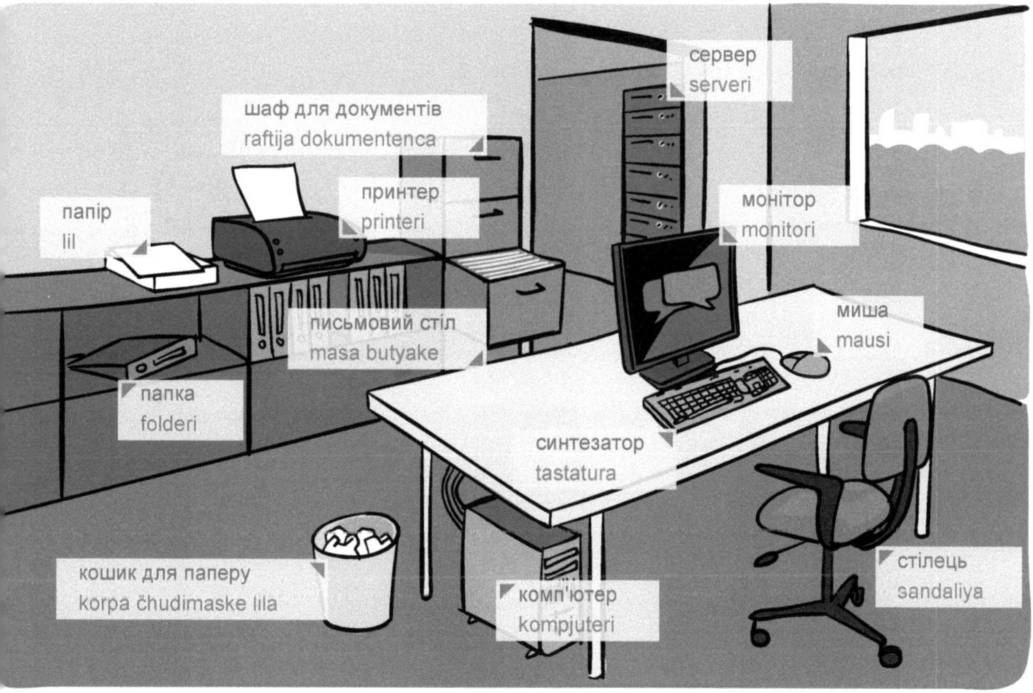

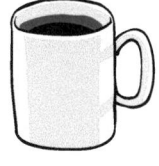

кавовий кухоль

fildžano kafake

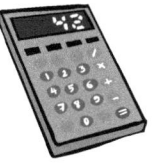

калькулятор

kalkulatori

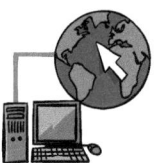

інтернет

internet

ноутбук

laptop

лист

lil

повідомлення

mesaži

мобільний телефон

mobilno telefono

мережа

netvorko

копіювальний пристрій

kopirimaski makina

програмне забезпечення

softveri

телефон

telefono

розетка

štekeri

факс

faks makina

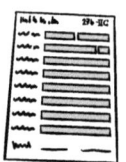

бланк

formulari

документ

dokumento

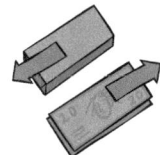

купувати

kinibe

платити

pokinibe

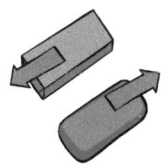

торгувати

kino-bikinibe

гроші

love

долар

dolari

євро

euro

ієна

jeni

рубль

rublya

франк

švajcariako franko

юанів женьміньбі

renminbi juan

рупія

rupija

банкомат

lovengo automati

обмінний пункт

biro baši devize

золото

somnakaj

срібло

rup

нафта

petroli

енергія

energia

ціна

fiyati

контракт

kontrakto

податок

taksa

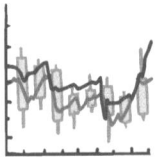

акція

berzaki akcija

працювати

butikeribe

працівник

butyarno

роботодавець

butyako dendutno

фабрика

fabrika

магазин

dukyano

професії

profesie

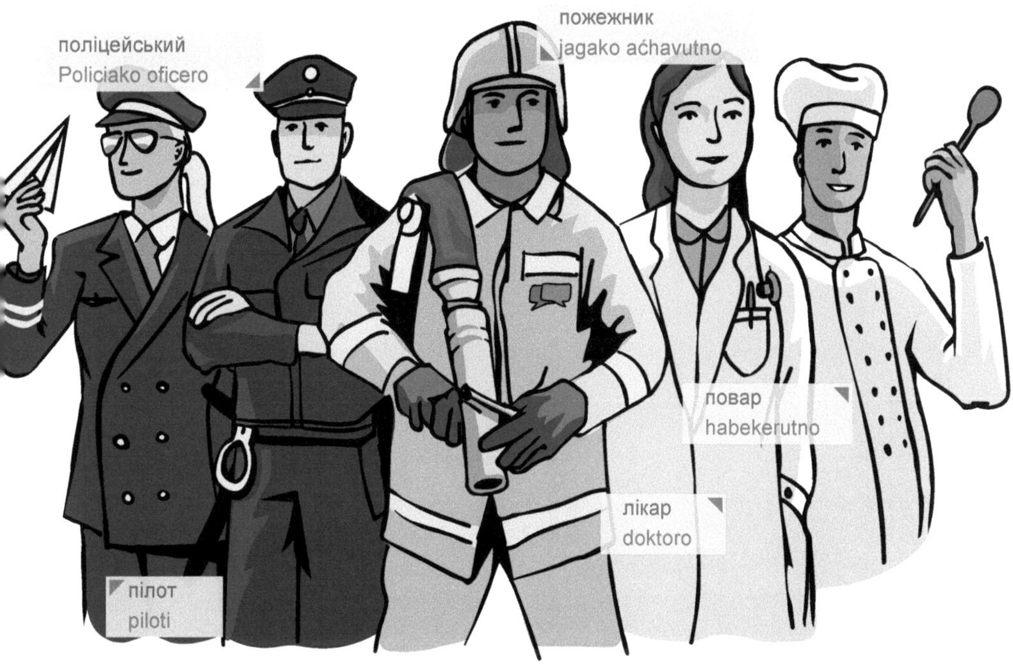

поліцейський
Policiako oficero
пожежник
jagako aćhavutno
повар
habekerutno
лікар
doktoro
пілот
piloti

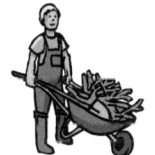

садівник

bavčako butyarno

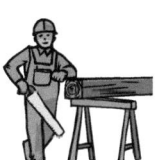

столяр

tišleri

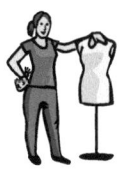

швачка

šnajderka

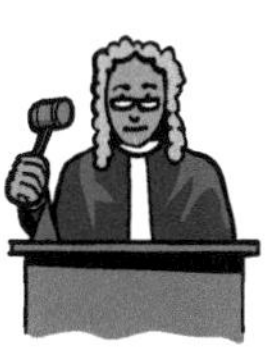

суддя

krisuno

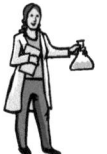

хімік

hemičari

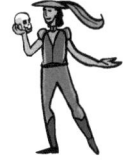

актор

akteri

водій автобуса

autobusesko šoferi

таксист

taksisti

рибалка

mačhengo astarutno

прибиральниця

užarutni

покрівельник

učharinengo kerutno

офіціант

kelneri

мисливець

avdžija

художник

tasvirkerutno

пекар

furnadžia

електрик

elektrikako phirno

будівельник

tamirutno

інженер

inžinjeri

забійник

kasapi

бляхар

panjesko butyarno

листоноша

poštari

солдат

askeri

архітектор

arhitekto

касир

kasieri

флорист

luludyari

перукар

frizeri

кондуктор

kondukteri

механік

mekanisti

капітан

kapetani

дантист

dandengo saslyarno

вчений

vigjanalo manuš

рабин

rabini

імам

imami

монах

rašaj

пастор

rašaj

інструменти
alatia

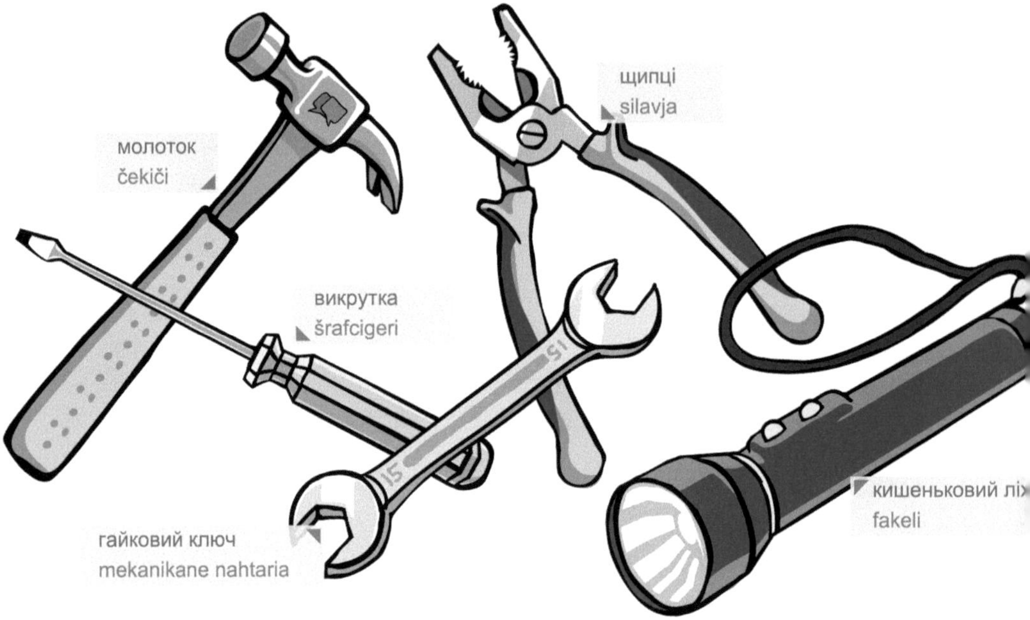
молоток
čekiči
щипці
silavja
викрутка
šrafcigeri
гайковий ключ
mekanikane nahtaria
кишеньковий лі
fakeli

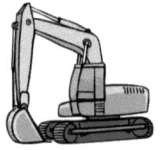

екскаватор

hrandimasko alati

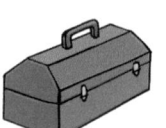

ящик для інструментів

alateski kutia

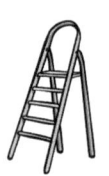

драбина

merdeveni

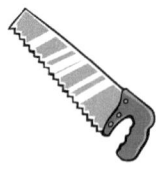

пилка

pila

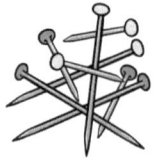

цвяхи

karfa

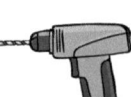

свердло

posavin

ремонтувати

lačharkeribe

лопата

lopata

лайно!

Naleti!

совок

vatrali

відро з фарбою

lonco bojimaske

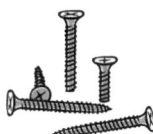

гвинти

šrafja

музичні інструменти
muzikane instrumentia

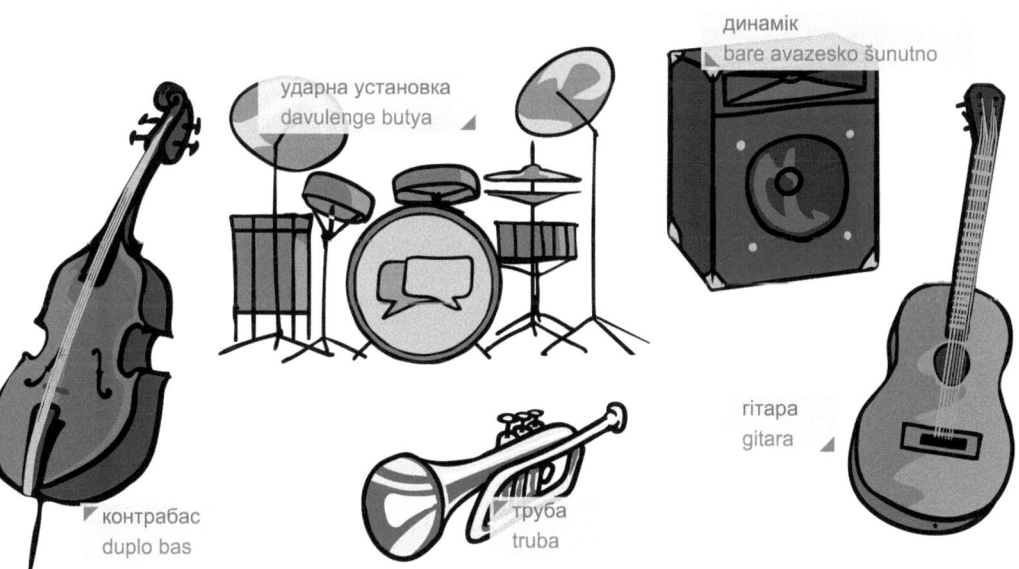

ударна установка
davulenge butya

динамік
bare avazesko šunutno

контрабас
duplo bas

труба
truba

гітара
gitara

фортепіано

piano

скрипка

kemana

бас

bas

литаври

timpani

барабан

davulia

клавіатура

sintisajzeri

саксофон

saksafoni

флейта

flejta

мікрофон

mikrofoni

зоопарк

zoo

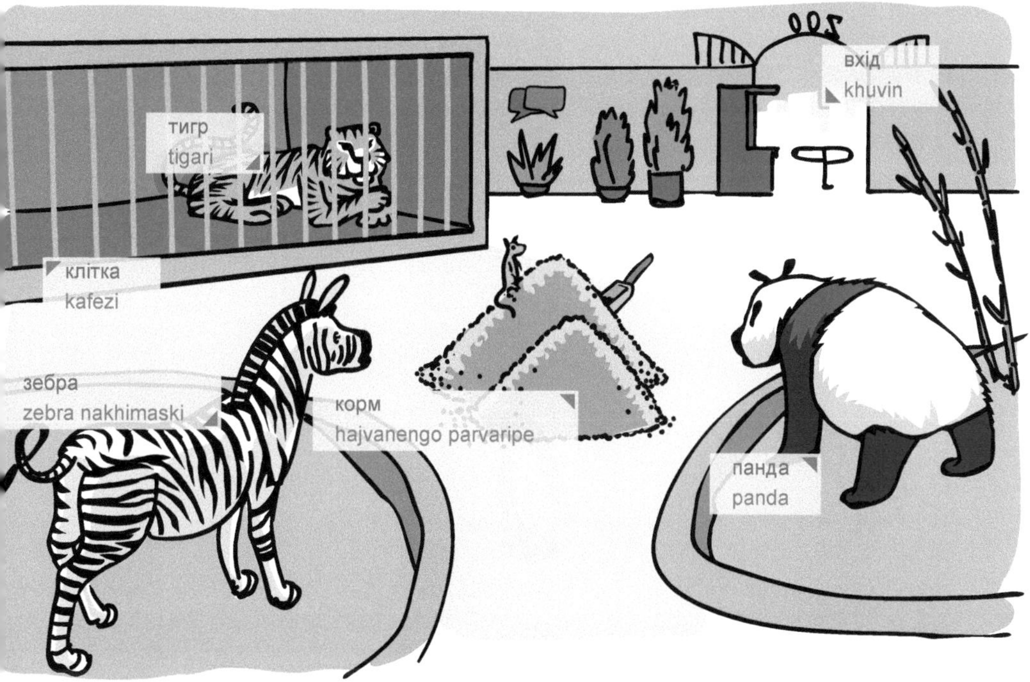

вхід
khuvin
тигр
tigari
клітка
kafezi
зебра
zebra nakhimaski
корм
hajvanengo parvaripe
панда
panda

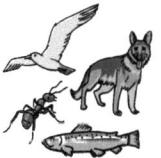

тварини

hajvania

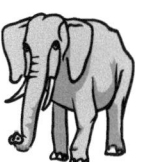

слон

elefanti

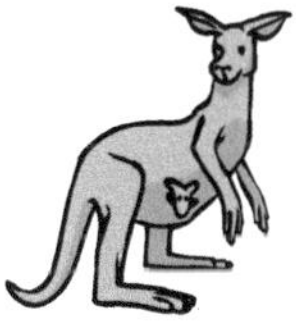

кенгуру

kenguri

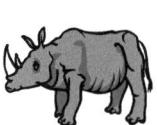

носоріг

rino

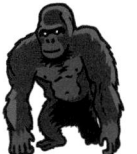

горила

gorila

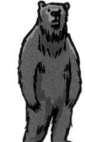

ведмідь

ričini

верблюд

kamila

страус

ostriga

лев

aslani

мавпа

majmuni

фламінго

flamingo

папуга

papagali

білий ведмідь

polarno ričini

пінгвін

pingvini

акула

ajkula

павич

pauno

змія

sap

крокодил

krokodilo

працівник зоопарку

zoo arakhutno

тюлень

foka

ягуар

jaguari

поні

poni

леопард

leopardi

гіпопотам

hipo

жираф

žirafa

орел

zorale kandžengi paškin

кабан

bali

риба

mačho

черепаха

želka

морж

morži

лисиця

lumri

газель

gazela

американський футбол
Amerikako fudbali

їзда на велосипеді
biciklizmo

теніс
tenis

баскетбол
basketboli

плавання
nangjovibe

бокс
boksi

хокей
hokej ko paho

футбол
fudbali

бадмінтон
badmington

легка атлетика
atletika

гандбол
vasteskoboli

лижні перегони
skiibe

поло
polo

стрибати
hutibe

обіймати
deibe angali

сміятися
asaibe

йти
phiribe

співати
giljavibe

мріяти
dikhibe suno

молитися
azirikeribe

цілувати
čumibe

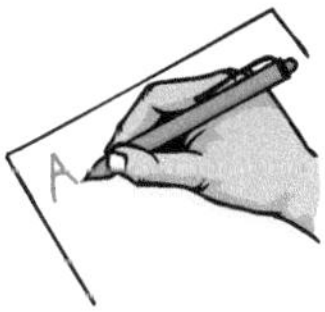

писати

hramovibe

малювати

čitribe

показувати

sikavibe

тиснути

cidljaribe

давати

deibe

брати

leibe

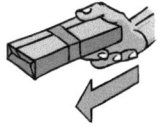

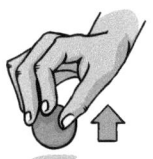

мати

isibe

робити

keribe

бути

te ovel

стояти

tergyovibe

бігати

prastaibe

тягнути

cidibe

кидати

čhudibe

падати

peribe

лежати

hovavibe

очікувати

adžikeribe

носити

phiravibe

сидіти

bešibe

одягати

urjavibe

спати

sovibe

просипатися

džangavibe

дивитися

dikhibe ko

плакати

rovibe

гладити

čalavibe

розчісувати

uhlavibr

розмовляти

vakeribe

розуміти

haljovibe

питати

puč

слухати

šunibe

пити

piibe

їсти

habe

прибирати

užaribe

любити

kamibe

варити

keribe habe

їхати

paldibe vordon

літати

urjalibe

йти під вітрилом

vaporea džaibe

рахувати

kalkulirin

читати

drabaribe

вчитися

sikljovibe

працювати

butikeribe

одружуватися

prandibe

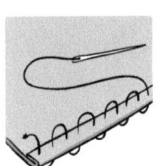

шити

suvibe

чистити зуби

thovibe danda

убивати

mudaribe

курити

piibe dahani

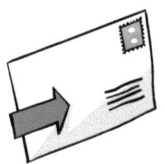

посилати

bičhalibe

сім'я

familiya

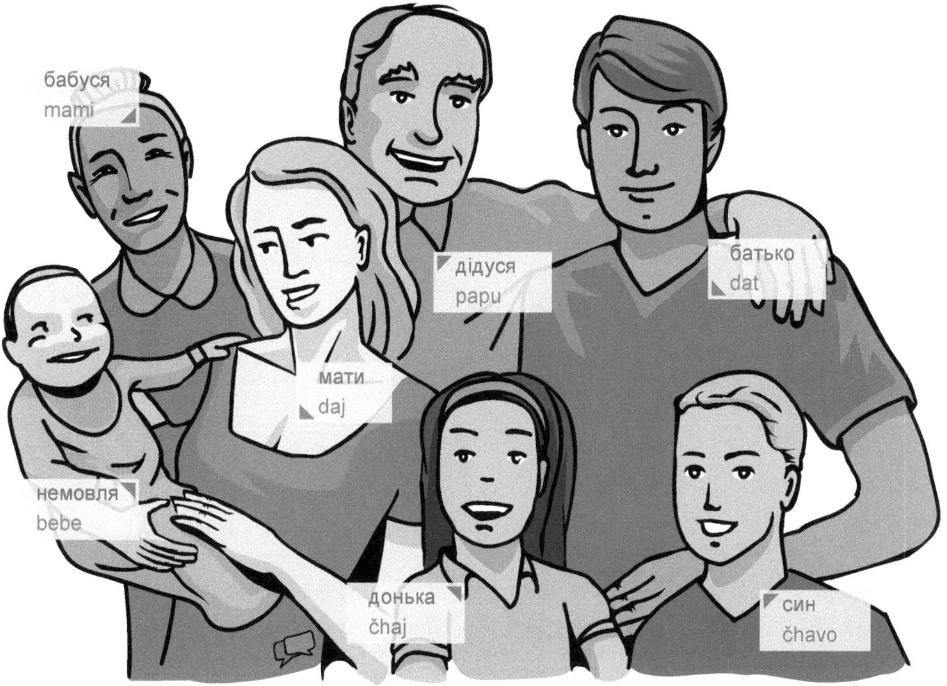

бабуся
mami
дідуся
papu
батько
dat
мати
daj
немовля
bebe
донька
čhaj
син
čhavo

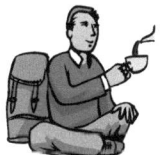

гість

misafiri

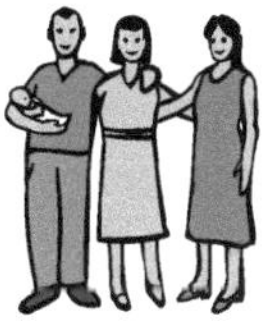

тітка

bibi

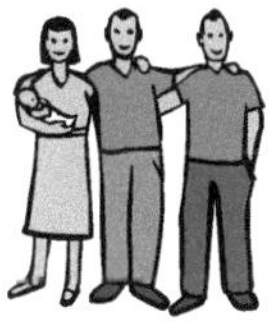

дядько

kako

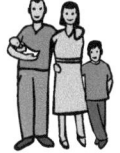

брат

phral

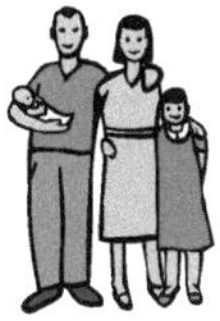

сестра

phen

тіло

trupo

чоло
čekat
око
jakh
плече
piko
палець
naj
обличчя
muj
підборіддя
vilica
кисть
vast
нога
pundro
груди
čuči
рука
musik

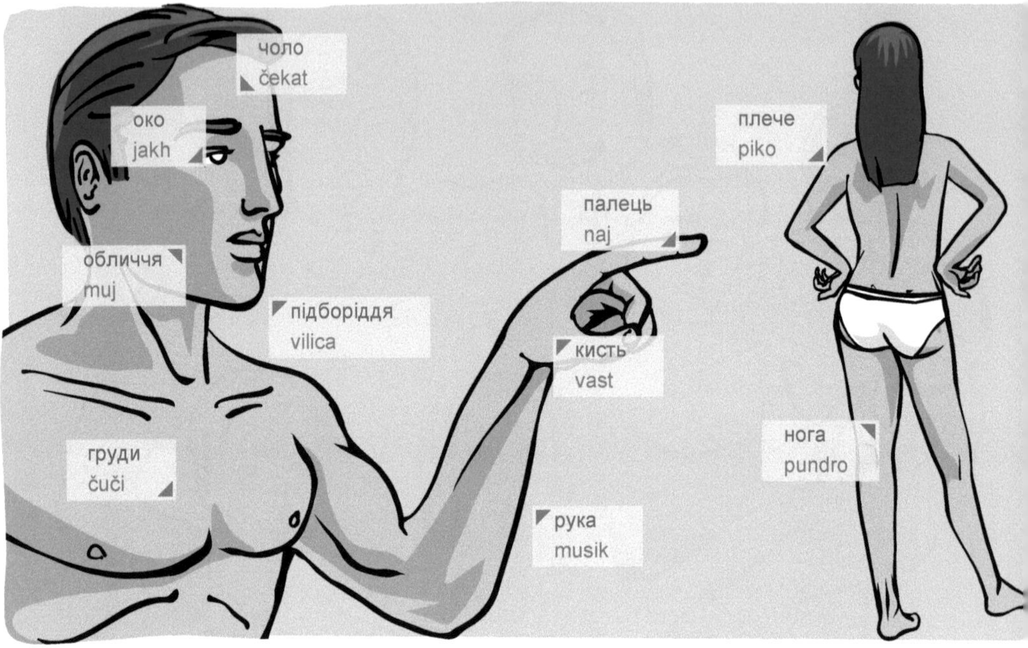

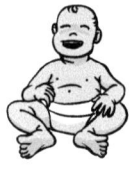

немовля

bebe

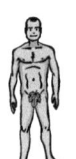

чоловік

murš

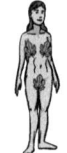

жінка

džuvli

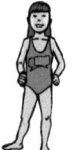

дівчина

čhaj

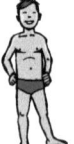

хлопчик

ćhavo

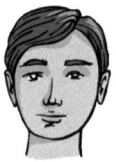

голова

šero

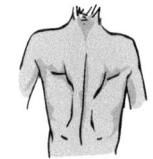

спина

dumo

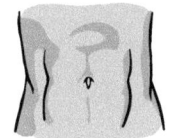

живіт

maškar

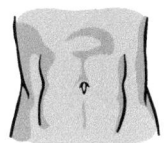

пуп

pupko

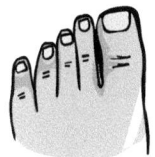

палець ноги

pundrenge naja

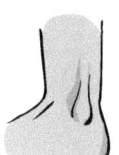

п'ята

patum

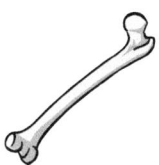

кістка

kokalo

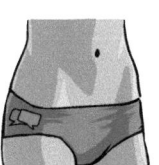

стегно

kuko

коліно

koč

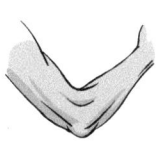

лікоть

lahci

ніс

nakh

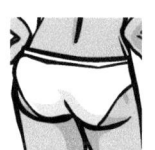

сідниці

bul

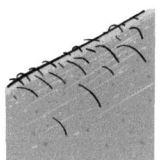

шкіра

mortik

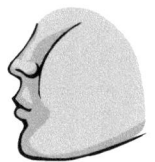

щока

čham

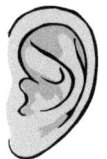

вухо

kan

губа

voš

тіло - trupo

рот

muj

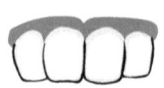

зуб

danda

язик

ćhib

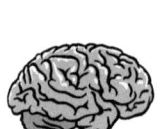

мозок

godi

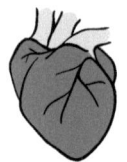

серце

vilo

м'яз

muskulo

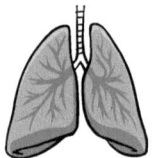

легені

kolin

печінка

buko

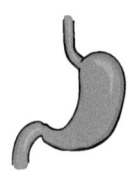

шлунок

vogi

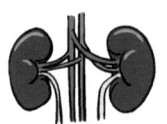

нирки

bubrekora

статевий акт

seks

презерватив

kondomi

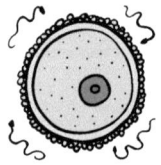

яйцеклітина

yarengi kletka

сперма

sperma

вагітність

khamnipe

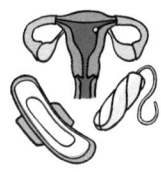

менструація

menstruaciya

вагіна

vagina

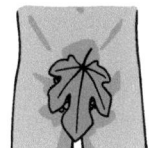

пеніс

penis

брова

phov

волосся

bala

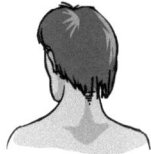

шия

men

лікарня
hospitalo

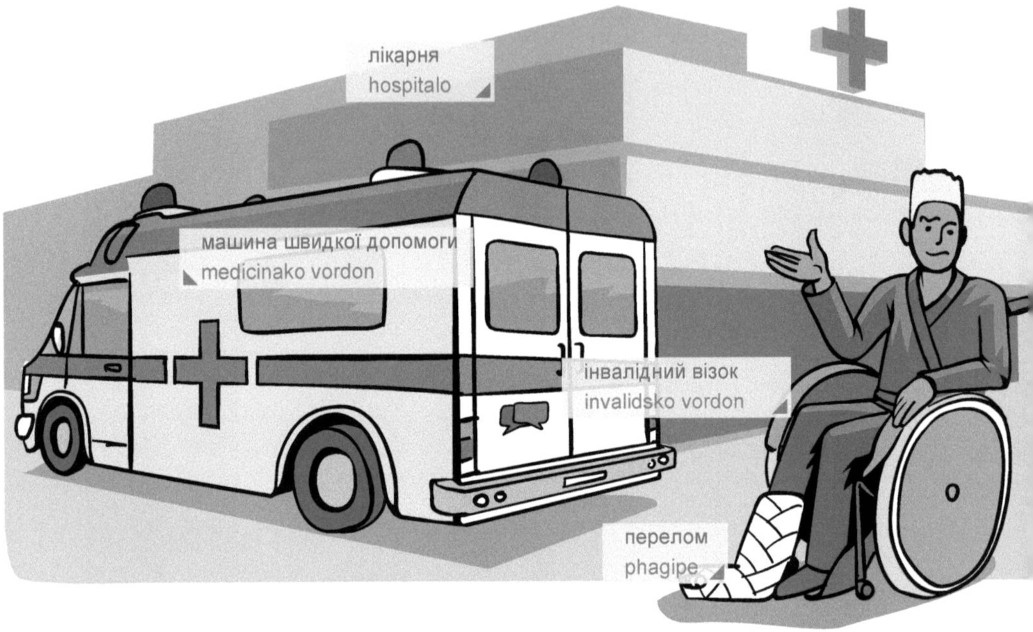

лікарня
hospitalo
машина швидкої допомоги
medicinako vordon
інвалідний візок
invalidsko vordon
перелом
phagipe

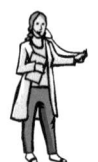

лікар
doktoro

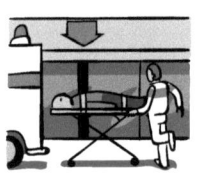

відділення швидкої медичної допомоги
sigyarimaski kamara

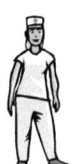

медсестра
medicinaki phen

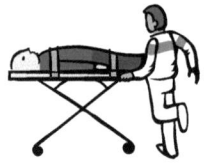

аварійний випадок
sigyaripen

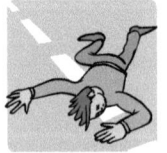

непритомний
ki koma

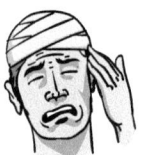

біль
dukh

травма

dukhavipen

кровотеча

ratvaripe

інфаркт

infrakto

інсульт

šlog

алергія

alergiya

кашель

khuinibe

лихоманка

tinanipe

грип

gripa

пронос

diyarea

головна біль

šereski dukh

рак

kanceri

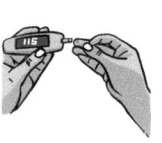

діабет

diyabetes

хірург

operaciya

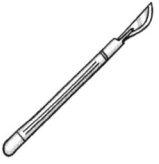

скальпель

skalperi

операція

operaciya

КТ
CT

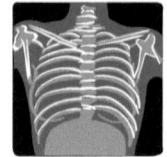

рентген
rentgen

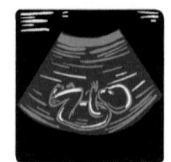

ультразвук
ultra avazo

маска
mujeski maska

хвороба
nasvalipe

зал очікування
adžukyarimasko than

милиця
paterica

пластир
flastero

пов'язка
phandimaski gaza

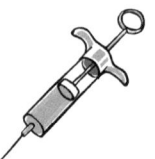

ін'єкція
inyekciya

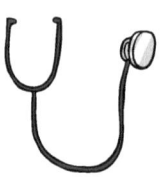

стетоскоп
stetoskopo

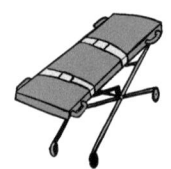

ноші
tregero

термометр
klinicko termometro

народження
biyanipe

надмірна вага
baro thulipe

слуховий апарат

ašunimasko aparato

дезінфікуючий засіб

dezinfekciako

інфекція

infekciya

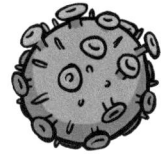

вірус

viruso

ВІЛ / СНІД

HIV / SIDA

медицина

medicina

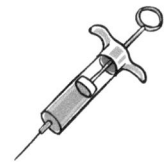

вакцинація

vakcinaciya

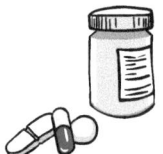

таблетки

tabletura

протизаплідна пігулка

hapi

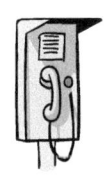

екстрений виклик

sigyarimasko akharipe

тонометр

monitori vaš učo pretisak

хворий / здоровий

nasvalo / sasto

Допоможіть!	 сигнал тривоги	 напад
Mažutisar!	alarmo	atako
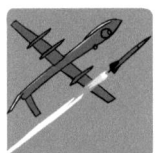 атака	 небезпека	 аварійний вихід
atako	dar buti	sigyarimasko iklyovipen
Вогонь!	 вогнегасник	 аварія
Bari jag!	mamuj jagako aparati	bibax
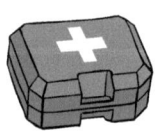 аптечка	 СОС	 поліція
butya avgo ažutimaske	SOS	Policia

Європа

Evropa

Північна Америка

Utarali Amerika

Південна Америка

Purabali Amerika

Африка

Afrika

Азія

Azija

Австралія

Australia

Атлантика

Atlantiko

Тихий океан

Pacifiko

Індійський океан

Indiako Okeano

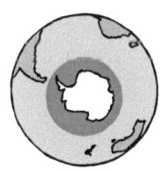

Антарктичний океан

Antarktikosko Okeano

Північний Льодовитий океан

Arktikosko Okeano

Північний полюс

Utaralo poli

Південний полюс

Purabalo poli

Антарктика

Antarktiko

Земля

phuv

суша

phuv

море

samudra

острів

džaziri

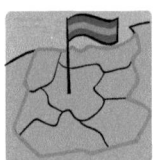

нація

nacija

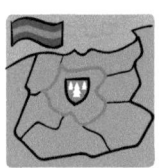

держава

raštra

циферблат

saatosko gendo

годинникова стрілка

saatoski sikavni

хвилинна стрілка

dakikongi sikavni

секундна стрілка

sekundarno saatoski sikavin

Котра година?

Kozom si o saato?

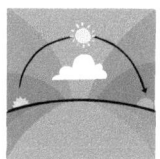

день

dive

час

vrama

зараз

akana

цифровий годинник

digitalno saato

хвилина

dakika

година

časo

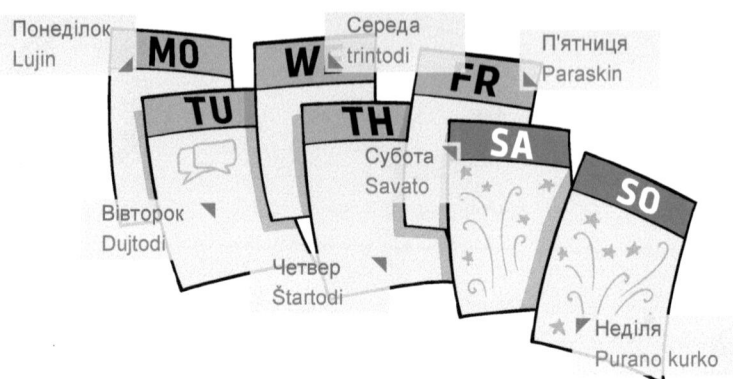

Понеділок
Lujin

Середа
trintodi

П'ятниця
Paraskin

Вівторок
Dujtodi

Субота
Savato

Четвер
Štartodi

Неділя
Purano kurko

вчора

erati

сьогодні

avdive

завтра

tajsa

ранок

javin

опівдні

ekvaš dive

вечір

blevel

MO	TU	WE	TH	FR	SA	SU
1	2	3	4	5	6	7
8	9	10	11	12	13	14
15	16	17	18	19	20	21
22	23	24	25	26	27	28
29	30	31	1	2	3	4

робочі дні

butyarne divesa

MO	TU	WE	TH	FR	SA	SU
1	2	3	4	5	6	7
8	9	10	11	12	13	14
15	16	17	18	19	20	21
22	23	24	25	26	27	28
29	30	31	1	2	3	4

кінець робочого тижня

vikend

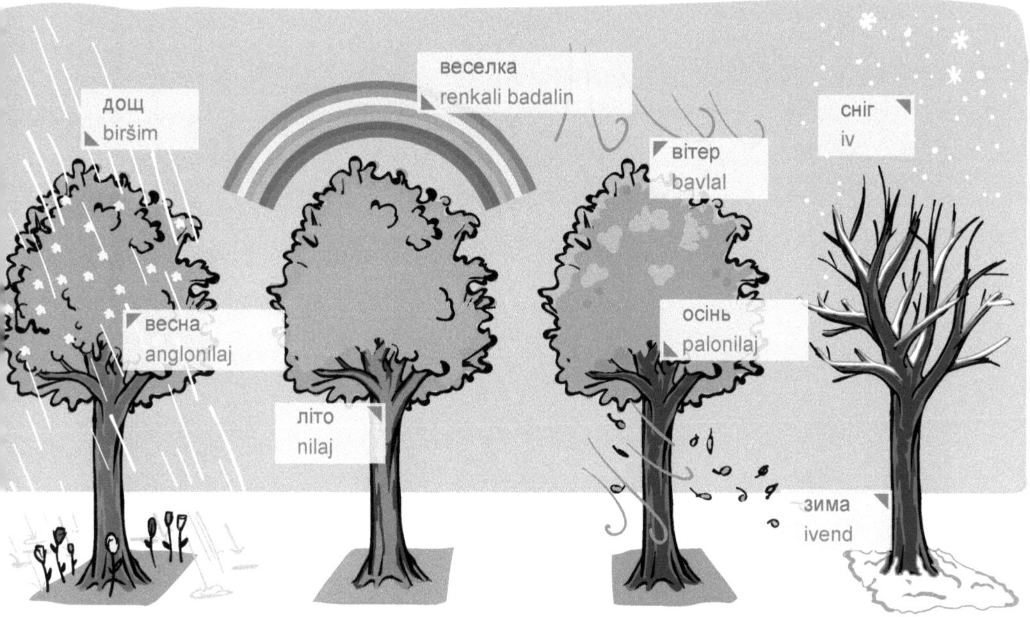

дощ
biršim
веселка
renkali badalin
сніг
iv
вітер
bavlal
весна
anglonilaj
осінь
palonilaj
літо
nilaj
зима
ivend

4.APRIL 11°
5.APRIL 4°
6.APRIL 13°
7.APRIL 8°
8.APRIL 10°

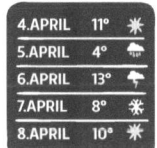

прогноз погоди

vramakoro vakeribe

F
C
120
90
60
30
0
-30
40
30
20
10
0
-10
-20

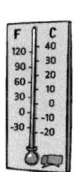

термометр

termometro

сонячне світло

khamalo

хмара

badal

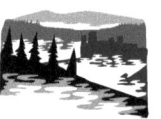

туман

muhi

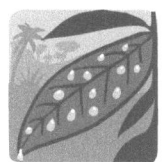

вологість повітря

nemlime hava

блискавка

šemšekoja

грім

šemšekosko čalavibe

шторм

bura

град

kijameti

мусон

monsuni

повінь

baro pani

лід

paho

Січень

Januaro

Лютий

Februaro

Березень

Marto

Квітень

Aprilo

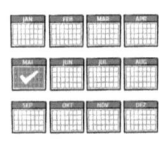

Травень

Majo

Червень

Juno

Липень

Julo

Серпень

Augusto

Вересень

Septembro

Жовтень

Oktombro

Листопад

Novembro

Грудень

Dekembro

форми
forme

круг

rota

квадрат

kvadrati

прямокутник

rektanglo

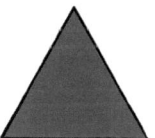

трикутник

trianglo

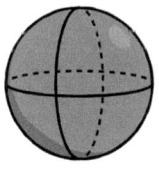

куля

sfera

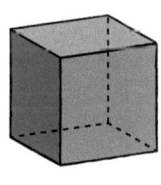

куб

kocka

білий

parni

жовтий

galbeno

помаранчевий

pomarandža

рожевий

roze

червоний

loli

фіолетовий

lila

синій

vunato

зелений

harjali

коричневий

kafeno

сірий

kuršumlija

чорний

kali

багато / мало

but / hari

лютий / мирний

holjame / mudro

гарний / бридкий

šuži / bišuži

початок / кінець

starto / agor

великий / малий

baro / tikno

світлий / темний

puterde bojako / phanle bojako

брат / сестра

phral / phen

чистий / брудний

užo / melalo

завершений / незавершений
sahno / bisahno

день / ніч

dive / rat

мертвий / живий

mulo / dživdo

широкий / вузький

buvlo / tank

їстівний / неїстівний

hala pe / na hala pe

злий / дружній

džungalo / šukar

збуджений / нудьгуючий

bare vogjea / bi vogjea

товстий / тонкий

thulo / kišlo

спочатку / востаннє

avgo / paluno

друг / ворог

amal / dušmani

повний / порожній

pherdo / čučo

жорсткий / м'який

zoralo / kovlo

важкий / легкий

pharo / lokho

голод / спрага

bokh / truš

хворий / здоровий

nasvalo / sasto

незаконний / законний

ilegalno / legalno

розумний / дурний

godyaver / bigodyako

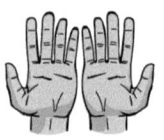

вліво / вправо

bajan / dahin

поруч / далеко

paše / dur

новий / використаний

nevo / purano

нічого / щось

khanči / vareso

старий / молодий

phuro / terno

вкл / викл

phabardo / ačhavdo

відкрито / закрито

puterdo / phanlo

тихо / гучно

mudro / bare avazeskoro

багатий / бідний

barvalo / čorolo

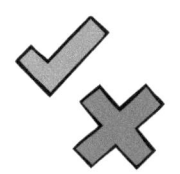

правильно / неправильно

čačutno / došalo

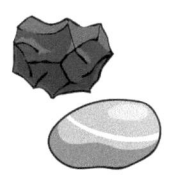

шорсткий / гладкий

zoralo / kovlo

сумний / щасливий

mazuni / lošalo

короткий / довгий

skurto / lungo

повільно / швидко

pohari / sigate

вологий / сухий

sapano / šuko

гарячий / холодний

tato / šudro

війна / мир

mareba / sansari

0

нуль

zero

1

один

jek

2

два

duj

3

три

trin

4

чотири

štar

5

п'ять

panč

6

шість

šov

7

сім

efta

8

вісім

ohto

9

дев'ять

enja

10

десять

deš

11

одинадцять

dešujek

12

дванадцять

dešuduj

13

тринадцять

dešutrin

14

чотирнадцять

dešuštar

15

п'ятнадцять

dešupanč

16

шістнадцять

dešušov

17

сімнадцять

dešefta

18

вісімнадцять

dešohto

19

дев'ятнадцять

dešenja

20

двадцять

biš

100

сто

šel

1.000

тисяча

milja

1.000.000

мільйон

milioni

англійська

Anglicko

американська англійська

Americko Anglicko

китайська
високочиновницька

Kinesko Mandarinsko

хінді

Indisko

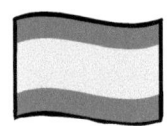

іспанська

Špansko

французька

Francusko

арабська

Arapsko

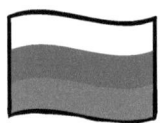

російська

Rusko

португальська

Portugalsko

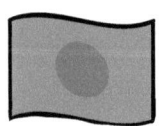

бенгальська

Bengalsko

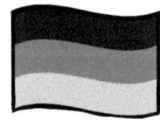

німецька

Nemicko

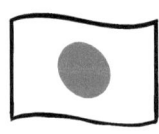

японська

Japansko

я

thaj

ти

tu

він / вона / воно

ov / oj

ми

amen

ви

tumen

вони

ola

хто?

ko?

що?

so?

як?

sar?

де?

kote?

коли?

kana?

ім'я

anav

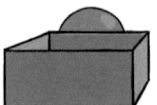

ззаду

palal

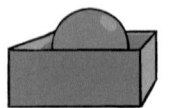

в

andre

перед

anglal o

над

upral

на

an

під

telal

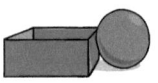

біля

trujal

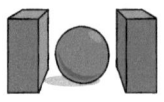

між

maškaral

місце

than